Bioética

Coleção **PASSO-A-PASSO**

CIÊNCIAS SOCIAIS PASSO-A-PASSO
Direção: Celso Castro

FILOSOFIA PASSO-A-PASSO
Direção: Denis L. Rosenfield

PSICANÁLISE PASSO-A-PASSO
Direção: Marco Antonio Coutinho Jorge

Ver lista de títulos no final do volume

Darlei Dall'Agnol

Bioética

2ª edição

ZAHAR

Jorge Zahar Editor Ltda.
rua Marquês de S. Vicente 99 – 1º
22451-041 Rio de Janeiro, RJ
tel (21) 2529-4750 | fax (21) 2529-4787
editora@zahar.com.br
www.zahar.com.br

Grafia atualizada respeitando o novo
Acordo Ortográfico da Língua Portuguesa

Edição anterior: 2005

Capa: Sérgio Campante
Composição eletrônica: TopTextos Edições Gráficas

CIP-Brasil. Catalogação na fonte
Sindicato Nacional dos Editores de Livros, RJ

Dall'Agnol, Darlei, 1965-
D15b Bioética / Darlei Dall'Agnol. – 2.ed. – Rio de Janeiro:
2.ed. Zahar, 2015.
(Passo-a-passo; 55)

ISBN 978-85-7110-835-6

1. Bioética. 2. Ética médica. 3. Ética. I. Título. II. Série.

CDD: 174.2
15-0235 CDU: 614.253

Sumário

Prefácio à segunda edição

Desde a publicação da primeira edição deste livro, há dez anos, muitos foram os progressos na bioética brasileira: (i) a Lei de Biossegurança autorizou pesquisas com células tronco; (ii) o Supremo Tribunal Federal criou jurisprudência permitindo aborto em casos de anencefalia; (iii) o Conselho Federal de Medicina definiu as "Diretivas antecipadas de vontade" possibilitando que os interesses dos pacientes sejam respeitados; (iv) a seleção de embriões em processos de fertilização *in vitro* sem doenças genéticas tornou-se mais acessível e corriqueira; e (v) novas legislações na área ambiental e de pesquisas com animais não humanos foram introduzidas (por exemplo, a Lei Arouca).

Essas mudanças foram de certa forma defendidas aqui, e, neste sentido, alegro-me em ter eventualmente contribuído para que elas ocorressem. Outras precisam ainda acontecer, como a possibilidade de a gestação ser interrompida em outros casos de doenças gravíssimas. Por isso, justifica-se uma nova edição do livro *Bioética*, não apenas para fazer uma atualização ortográfica e dos dados empíricos ou legislativos, mas também para enfatizar a necessidade de avançarmos em outras questões bioéticas aqui abordadas. Oxalá, possamos continuar progredindo moralmente rumo a um mundo melhor.

Darlei Dall'Agnol, Oxford, 2015.

Introdução

Apesar de a bioética ser uma disciplina relativamente nova, todos nós já enfrentamos, no nosso dia a dia, alguns de seus problemas. Em jornais e programas de televisão encontramos problemas bioéticos: questões sobre aborto, eutanásia, qualidade de vida, aplicações da ciência e da tecnologia (por exemplo, no Projeto Genoma) na vida humana, questões sobre o meio ambiente e os animais não humanos etc. Alguns problemas morais relacionados aos profissionais da saúde (médicos, fisioterapeutas, psicólogos, enfermeiros) também estão associados a temas bioéticos. Além disso, todos nós já refletimos sobre o valor, o sentido da vida. Diante desse vasto leque de temas, uma pergunta é inevitável: mas, afinal, o que é a bioética?

Se for levada em conta a origem da palavra, "bio-ética", ela significa, simplesmente, a ética da vida. Dizer somente isso, todavia, não é algo muito esclarecedor. Para se entender melhor o que está implícito nessa expressão, é preciso discutir mais a própria ética. Por isso, adota-se, aqui, uma definição de ética como uma reflexão filosófica sobre a moralidade. Além disso, pode-se subdividi-la em três domínios: a metaética, a ética normativa e a ética prática. A bioética é parte desta última.

A metaética trata de questões acerca da natureza da própria ética. Por exemplo, se a ética pode ser uma ciência, se há teorias éticas etc. Para decidir sobre tais pontos, ela deve compreender o que são juízos morais (se eles são proposições que expressam fatos ou apenas expressões de emoções ou sentimentos) e qualificar a natureza dos valores, das regras, das qualidades morais, isto é, das virtudes. Assim, se alguém sustenta que juízos morais são expressões de sentimentos, nega que eles expressem conhecimento. Essa posição é conhecida como não cognitivismo e leva a uma postura antirrealista, ou seja, nega que existam entidades especificamente morais tais como valores. Outra implicação dessa posição é que a ética não é uma ciência. Na bioética, como veremos, predominou a posição contrária. Ela nasceu exatamente como uma tentativa de superação da dicotomia entre fatos (ciência) e valores (ética).

Já a ética normativa procura, muitas vezes a partir de alguma posição metaética, determinar um padrão sobre aquilo que efetivamente é bom ou mau, correto ou incorreto. Isso pode ser feito de várias formas. Na bioética, o enfoque predominante é trabalhar a partir de *princípios*, isto é, de normas gerais de ação. Um dos princípios tradicionais da ética é o utilitarista, segundo o qual as ações são corretas na medida em que maximizam a felicidade. Essa teoria influenciou o surgimento do principialismo, corrente ainda predominante na bioética. Ela sustenta que os problemas bioéticos devem ser debatidos a partir de quatro princípios *prima facie*, que serão apresentados e discutidos mais adiante: da autonomia, da não maleficência, da beneficência e da justiça. Mas, como veremos, outras perspectivas começam a ganhar força, principalmente aquela que trabalha com as qualidades morais — ou virtudes — dos agentes.

A ética prática procura aplicar os resultados da ética normativa a questões morais cotidianas. Assim, a partir de princípios supostamente válidos (por exemplo, o do respeito à autonomia das pessoas), podemos discutir problemas bioéticos tais como aborto, eutanásia etc. Para ilustrar: poderíamos sustentar, a partir do princípio citado, que cada pessoa tem o direito de deliberar e escolher o modo de morrer. Por conseguinte, a bioética, juntamente com a ecoética, a infoética, as éticas profissionais (ética médica, ética esportiva etc.), é parte da ética prática, ou aplicada. É bom se diferenciar claramente bioética de ética médica, pois esta estuda os deveres particulares dessa classe profissional. Podemos, então, convencionar que a bioética é a parte da ética prática que estuda os problemas morais relativos ao início, ao meio e ao fim da vida.

A *Enciclopédia de bioética* fornece uma definição mais precisa do termo. De acordo com sua primeira edição, a bioética seria um "estudo sistemático da conduta humana no âmbito das ciências da vida e da saúde analisadas à luz dos valores e princípios morais". Aqui os princípios morais utilizados na bioética serão discutidos (seção 2), bem como as questões relativas ao início, ao meio e ao fim da vida (seção 3). Todavia, antes disso é necessário compreender melhor o surgimento e o desenvolvimento da própria bioética, o que será feito na primeira seção. Finalmente, alguns problemas e as perspectivas da bioética serão analisados.

Com relação ao principialismo, a teoria ética normativa que estabelece os fundamentos para a bioética, cabe lembrar que a resolução nº196 do Conselho Nacional de Saúde do Ministério da Saúde, de 10 de outubro de 1996, estabelece que a eticidade em pesquisa biomédica implica: "a) consentimento livre e esclarecido dos indivíduos-alvo e a proteção a grupos vulneráveis e aos legalmente incapazes (*autonomia*); b) ponderação entre riscos e benefícios, tanto atuais como potenciais, individuais ou coletivos (*beneficência*), comprometendo-se com o máximo de benefícios e o mínimo de danos e riscos; c) garantia de que danos previsíveis serão evitados (*não maleficência*); d) relevância social da pesquisa, com vantagens significativas para os sujeitos da pesquisa e minimização do ônus para os sujeitos vulneráveis, o que garante a igual consideração dos interesses envolvidos, não perdendo o sentido de sua destinação sócio-humanitária (*justiça e equidade*)". A resolução foi atualizada em 2012, mas os referenciais éticos básicos foram mantidos. O principialismo tem ainda forte influência nas discussões atuais. Neste trabalho, ele será apresentado, aplicado aos diferentes domínios da bioética e examinado criticamente.

O nascimento da bioética

O termo "bioética" foi usado, pela primeira vez, por Fritz Jahr em 1927. No artigo "Bioética", ele formulou o seguinte princípio categórico: "Respeite cada ser vivo como fim em si e trate-o, se possível, como tal" (Jahr, 2011, p.246). Este princípio ainda é um dos mais importantes para a bioética global, que trata não apenas de questões científicas envolvendo experiências com seres humanos, mas também com o meio ambiente e animais não humanos. Em 1971, o médico americano V.R. Potter seguiu nessa direção. Ele defendeu a ideia de que a ciência e a tecnologia estavam destruindo as condições de existência da vida, principalmente o meio ambiente, e que por conseguinte era necessária uma nova abordagem ética dos problemas relacionados com a vida. Sustentou que a separação feita na filosofia moderna entre, por um lado, a ciência e a tecnologia (que tratariam de fatos) e, por outro, a ética (que cuidaria dos valores), era a culpada pelos desastres que estavam ameaçando a vida sobre o nosso planeta, incluindo os ecológicos. Assim, ele pensou na bioética como uma "ciência da sobrevivência". Para construí-la, seria necessário reunir a ética (valores) e a ciência (fatos). A bioética nasceu, portanto, como uma tentativa de pensar a vida como um todo, sem separá-la da ciência e da tecnologia. Estas devem estar a serviço daquela, e não são neutras sob o ponto de vista valorativo. Esse é o projeto de uma bioética global, isto é, holística, que considera a vida como um todo.

Também nesse período, mais precisamente em 1974, o Congresso norte-americano criou uma comissão para identificar os princípios morais básicos que deveriam nortear a experimentação com seres humanos. Um acontecimento que influenciou na criação dessa comissão foi o famoso caso

Tuskegee (um laboratório que observava pacientes negros com sífilis, mas negava-lhes tratamento para ver como a doença se desenvolvia em condições naturais), mas, certamente, as experiências nos campos de concentração da Segunda Guerra Mundial também exigiam providências. Algumas normas já tinham sido estabelecidas pelo Código de Nuremberg, mas fazia-se necessário aperfeiçoá-lo. O resultado dessa comissão foi divulgado em 1978 e é conhecido como Relatório Belmont (texto traduzido em anexo).

A partir desse relatório, os eticistas Tom Beauchamp e James Childress publicaram o livro *Princípios da ética biomédica,* que estabeleceu as fundações teóricas do principialismo, a teoria bioética mais importante atualmente. Como veremos com maiores detalhes na próxima seção, esses autores reformularam os trabalhos da comissão acrescentando, entre outras coisas, o princípio da não maleficência. Segundo o Relatório Belmont, os princípios morais que devem ser levados em consideração na bioética são: o respeito pelas pessoas (isto é, suas preferências valorativas e suas escolhas devem ser consideradas); a beneficência (o bem-estar deve ser promovido) e a justiça (todos devem ser tratados equitativamente). O princípio da não maleficência foi desmembrado do da beneficiência porque há situações em que um profissional da saúde não pode fazer o bem, por exemplo curar o paciente, mas deve, ao menos, não lhe causar danos. Por isso, esse princípio parece ter certa prioridade sobre o outro. Esses quatro princípios possuem o mesmo status moral e cognitivo. Contudo, alguns autores defendem, hoje, versões diferentes do principialismo sustentando que há outras normas fundamentais ou procurando hierarquizá-las. Por exemplo, alguns pensam que o princípio da autonomia é mais importante que os outros, dado que a sociedade é pluralista, com diferentes visões sobre aquilo que é bom ou mau, certo ou errado. Essa é a visão de Tristan Engelhardt (1998). Dessa maneira, não seria possível sustentar uma visão única, digamos sobre a eutanásia, e por isso cada indivíduo pode fazer sua própria escolha a partir de suas reflexões e de sua consciência moral.

A bioética desenvolveu-se bastante como área de conhecimento independente, mas tornou-se particularmente importante nas ciências relacionadas com a vida humana, tais como a medicina, a enfermagem, a biologia, o direito etc. Ela também passou a ser objeto de estudo interdisciplinar e ocupou lugar central na filosofia moral, ou seja, na ética. A bioética, nesses seus poucos anos de história, passou por diversas transformações. Alguns autores seguiram a orientação inicial, dando um tratamento teórico mais aprofundado ao projeto inicial de Potter. Por exemplo, Hans Jonas elaborou o famoso princípio da responsabilidade, cuja ideia básica é exatamente a de que devemos sobreviver e, para isso, devemos considerar as consequências futuras das nossas aplicações da ciência e da tecnologia. Seu princípio bioético é este: "Age de tal modo que os efeitos de tua ação sejam compatíveis com a permanência da genuína vida humana."

Os problemas bioéticos têm sido enfocados por pensadores de diferentes orientações filosóficas. No Brasil, temos até agora uma certa predominância de pensadores católicos, mas o quadro começa a mudar. Há, também, enfoques marcadamente biologistas e evolucionistas, que procuram discutir os problemas bioéticos a partir de uma visão secularizada do mundo, senão de uma concepção materialista da vida.

Outro enfoque que merece destaque hoje é o que considera o caráter moral do agente como a categoria ética mais importante. A chamada "ética de virtudes", baseada na insistência do valor de *ser um bom agente* incluindo suas qualidades morais, vem sendo uma alternativa para alguns bioeticistas que pensam que princípios desempenham um papel secundário na vida moral. Dessa maneira, o importante seria cultivar as qualidades que tornam alguém um bom ser humano ou um bom profissional (digamos, um bom médico) e, então, não seria preciso um receituário de regras de ação sobre o que devemos fazer em cada situação particular. Essa é a posição sustentada por Pellegrino & Thomasma (1988).

Por razões de espaço, será discutido aqui somente o principialismo na sua versão clássica, e serão aplicadas as normas básicas dessa teoria a uma série de questões bioéticas. Na última seção, as soluções dadas por essa teoria serão contrastadas com outros enfoques.

Os princípios básicos da bioética

Para começar, considere o seguinte caso. Pedro da Silva viveu 40 anos em diversas instituições assistenciais. Possui QI baixo e idade mental de uma criança de 2 anos e meio.

Comunica-se apenas por grunhidos e responde somente por gestos e toques. Parece desconhecer perigos e fica desorientado quando muda de ambiente. Sua saúde era geralmente boa até que foi diagnosticado um tipo raro de leucemia, incurável e fatal. Em 50% dos casos desse tipo de doença, a quimioterapia pode trazer alívio por um período de três a 15 meses. Todavia, o tratamento produz sérios efeitos colaterais, incluindo anemia e infecções graves. Nomeado um representante legal, este defendeu que o tratamento seria fútil, isto é, sem efeito terapêutico. O que deve ser feito?

Diante desse quadro, podemos também perguntar: Pedro é um ser autônomo ou alguém deve realmente tomar as decisões por ele? Se Pedro jamais contribuiu para um sistema de saúde, seja público, seja privado, é justo que ele tenha direito a um tratamento? Que princípios éticos um profissional da saúde poderia invocar para fazer o tratamento e prolongar a vida de Pedro? Valeria a pena, isto é, Pedro teria uma vida com qualidade? E, ao contrário, que princípios éticos alguém poderia invocar para deixar de tratar Pedro e permitir que ele tenha uma morte natural?

Essas e outras questões morais são do domínio da bioética especial, isto é, clínica. Como foi visto anteriormente, o principialismo é a teoria bioética que tem predominado e que, teoricamente, oferece respostas para essas perguntas. Para discuti-las com melhor proveito, os seus quatro princípios fundamentais serão apresentados a seguir.

Respeito à autonomia. A palavra "autonomia" significa, etimologicamente, autoimposição de leis. Aqui, todavia, ela será usada como sinônimo de capacidade para deliberar, isto é, calcular os meios necessários para atingir um fim, e para escolher. Em outros termos, é autônomo um ser capaz de agir livremente. Para determinar se esse realmente é o caso, três condições devem ser preenchidas: a pessoa deve agir intencionalmente (*querer* fazer algo), com entendimento do que faz (das consequências de suas ações) e livre de influências externas (por exemplo, não ser impedido de agir). Assim, uma criança recém-nascida não é considerada um ser autônomo, um agente consciente e capaz de se autodeterminar.

Tendo esclarecido o que significa autonomia, é possível enunciar o primeiro princípio básico da bioética: *respeite a autonomia das pessoas*. A formulação desse princípio foi influenciada pela ética do filósofo alemão Immanuel Kant (1724-1804), que defendia que os seres racionais possuem valor em si mesmos e que respeitá-los significa tratá-los como fins e não meramente como meios; uma pessoa não pode ser manipulada ao bel-prazer dos outros. Note-se que no Relatório Belmont é exatamente o respeito à pessoa que é defendido. Posteriormente, no principialismo, falou-se de respeito à autonomia, isto é, à capacidade de deliberar e agir livremente. Pode-se dizer, entretanto, que respeitar a autonomia é respeitar a capacidade da pessoa de escolher e decidir e, ao mesmo tempo, tratá-la como um fim em si. Uma pessoa tem valor, não preço. Aplicando-se esse princípio a questões mais amplas da bioética, ele significa, por exemplo, que uma futura mãe é autônoma para decidir se deve interromper uma gravidez ou não, e que qualquer agente é autônomo para decidir se quer continuar a viver em certas circunstâncias ou não.

Se se aplica esse mesmo princípio ao contexto da ética médica, ele implica que um profissional da saúde deve respeitar as escolhas e decisões de seus pacientes. Isto não significa que ele não possa dar sua opinião ou intervir de algum modo. Todavia, ele não pode agir contra a vontade do paciente, que tem o direito de ter suas opiniões próprias, de atuar livremente a partir de suas crenças e valores. O princípio do respeito à autonomia justifica uma série de regras que devem efetivamente nortear as práticas da biomedicina. São elas: fale a verdade; respeite a privacidade dos outros; proteja informações confidenciais; obtenha consentimento dos pacientes para fazer intervenções; quando solicitado, ajude os outros a tomar decisões importantes. Assim, profissionais da saúde devem respeitar a autonomia dos pacientes quando estes não estão incapacitados para tomar suas próprias decisões; senão, como no caso de Pedro da Silva, deve-se consultar a família ou outro representante legal, admitindo-se que este agirá pensando em termos dos melhores interesses do representado e que tem competência para entender o que lhe é dito pelos médicos e para decidir. Se este não for o caso, esse indivíduo também não pode ser considerado autônomo.

As regras citadas são importantes nas relações entre profissionais da saúde e pacientes: os primeiros devem respeitar a autonomia dos últimos quando estes não estão incapacitados para tomar suas próprias decisões. Por isso, o profissional deve expressamente conseguir, sempre que possível, o consentimento do paciente antes de fazer um diagnóstico ou de prescrever um tratamento. O Código Brasileiro de Ética Médica exige que o médico obtenha o consentimento informado, salvo em eminente perigo de vida (cf. art. 46). Em situações normais, antes de obtê-lo, o profissional da saúde tem o dever de informar o paciente desde as condições de seu estado até os efeitos de um possível tratamento.

Dada a importância dessa questão, é necessário enunciar claramente as condições do consentimento informado: a necessidade de *competência* para entender e decidir; a efetiva *revelação* ao paciente das informações relevantes de sua condição; a *compreensão* do diagnóstico e do prognóstico; a *voluntariedade* na tomada de decisão e a explícita *autorização*. É claro que essas condições valem para os pacientes que não perderam a autonomia. Para os incapazes de decidir livremente, é necessário admitir que seu representante cumpra as condições de um consentimento informado, acrescentando-se a necessidade de pensar em termos dos melhores interesses do representado.

Além da manipulação abusiva das pessoas, o princípio do respeito à autonomia foi criado para evitar o paternalismo. Um ato paternalista pode ser definido como aquele que nega a liberdade do outro de manifestar seus próprios interesses, desejos, vontades etc. É evidente que os diversos profissionais da saúde têm o dever de agir a partir do princípio da beneficência, que será analisado mais adiante. Eles são qualificados para saber o que fazer. No entanto, não podem impor de forma autoritária sua visão sobre o que deve ser feito. Em outros termos, eles não podem tratar um paciente como se ele fosse incapaz de conhecer e decidir sobre seu próprio bem; não podem fazer experimentações manipuladoras com seus clientes etc. Mas isto não é tudo o que devem fazer: um profissional da saúde tem de agir em benefício do paciente. É o que será visto a seguir.

A não maleficência. O princípio da não maleficência possui uma longa tradição na ética médica, podendo ser encontrado no juramento hipocrático que todo estudante de medicina faz ao se formar. Esse princípio diz: em primeiro lugar, *não cause dano*. Quer dizer, o profissional da saúde, se não pode fazer o bem curando um paciente, ao menos deve evitar causar-lhe mal.

É necessário, agora, fazer uma observação geral sobre o principialismo. Todos os seus quatro princípios valem *prima facie*, isto é, possuem validade à primeira vista, mas não são absolutos. Por isso, o princípio da não maleficência não tem prioridade irrestrita sobre os outros. Ao contrário, se o que justifica a existência da medicina é o bem público que ela produz, isto é, a preservação ou a restituição da saúde, o primeiro dever de um profissional desse ramo é buscar esse bem para seu paciente. Quer dizer, é o princípio da beneficência que vale. Mas esse princípio é limitado pelo da não maleficência. Desse modo, os princípios bioéticos básicos devem funcionar de forma harmônica, e é a circunstância da ação que decide qual deles deve ser aplicado.

Para compreender melhor o princípio da não maleficência, cabe esclarecer o que significa dano. É um termo vago: pode significar injúria, difamação, violação de direitos, tortura psíquica ou física etc. Por isso, pode-se dizer que causa dano quem produz algum mal a si ou ao outro, seja física, psíquica ou moralmente. É isso que é proibido pelo princípio da não maleficência.

O conceito de dano será melhor entendido se forem apresentadas as regras que podem ser inferidas desse princípio. São elas: não matar; não causar dor ou sofrimento; não incapacitar os outros; não ofendê-los; não privá-los dos bens necessários à vida. Essas regras norteiam as práticas dos profissionais da saúde. Por isso, o princípio da autonomia está mais direcionado ao paciente e o princípio da não maleficência vincula-se ao profissional da saúde. Mas deve-se notar que eles também valem inversamente: o profissional da saúde é autônomo e o paciente não pode causar dano. Além disso, essas regras valem no nosso senso moral comum, para orientar nossas ações cotidianas. Portanto, também o princípio da não maleficência pode ser aplicado aos temas mais gerais da bioética.

Considerando o caso citado no início desta seção, pode-se dizer que, embora seja um dever *prima facie* do profissional da saúde tratar Pedro da Silva, a quimioterapia pode causar mais danos que benefícios. Diante do quadro de efeitos negativos, como por exemplo anemia e infecções graves, e da aparente futilidade do tratamento, o médico pode julgar, a partir do princípio da não maleficência, que melhor seria deixar Pedro viver seus últimos meses em paz. Sua ação poderia restringir-se a aliviar a dor do paciente.

Muitos problemas bioéticos podem ser discutidos a partir do princípio da não maleficência, alguns relacionados com a eutanásia, tais como deixar ou não morrer um paciente crítico, diante da severidade de certas doenças, da invalidez permanente etc. Por exemplo, deixar alguém muito doente morrer depois de uma parada cardíaca, ou seja, não reanimá-lo, é causar-lhe dano? Assistir alguém no processo de morrer é causar-lhe dano? Essas questões serão melhor discutidas na próxima seção. Basta dizer, agora, que ao se considerar se um dano menor é justificável porque produz um benefício maior, o principal favorecido deve sempre ser o paciente. É necessário, então, tratar do princípio da beneficência.

A beneficência. Beneficência significa, simplesmente, fazer o bem aos outros, agir em prol deles. As ações altruístas são exemplos de ações beneficentes. A disposição de agir dessa forma é conhecida como benevolência. Assim, o princípio da beneficência pode ser enunciado de forma clara e direta: *devemos agir em benefício dos outros.* Essa norma é simples e não precisa de maiores esclarecimentos. É considerada, tradicionalmente, uma das regras básicas da ética.

O princípio da beneficência foi formulado, no principialismo, a partir da ética utilitarista, que pode ser encontrada no filósofo inglês John Stuart Mill (1806-1873). Seu princípio fundamental, como foi visto acima, é que as ações são corretas na medida em que maximizam a felicidade. Todavia, no principialismo, o princípio da utilidade é diferenciado do da beneficência. Enquanto esta exige a obtenção de benefícios, aquele requer que os benefícios e prejuízos sejam contrabalançados.

Na ética de Kant, os deveres da beneficência são imperfeitos, isto é, não causam culpa ao agente se não forem cumpridos em determinado momento, em determinado lugar, em relação a uma pessoa em particular etc. Por conseguinte, não podem ser acompanhados de sanções legais. Outros acham que os requerimentos de beneficência são geralmente suprarrogatórios, isto é, vão além dos deveres. No principialismo, o dever de beneficência é assumido como sendo válido enquanto obrigação do profissional da saúde.

A partir do princípio da beneficência, uma série de regras foi inferida para nortear as relações entre profissionais da saúde e pacientes. Destacam-se as seguintes: proteger e defender os direitos dos outros; prevenir dano; remover as condições que irão causar dano; ajudar pessoas deficientes; salvar pessoas em perigo. Como pode ser percebido, algumas dessas regras estão bastante próximas do princípio da não maleficência. Desse modo, existe uma complementaridade entre eles.

Para compreender melhor a relação entre esses dois princípios, convém distinguir entre deveres negativos e positivos. Os deveres negativos parecem ser obrigações perfeitas, isto é, são um *dever* para alguém porque outra pessoa possui um *direito*. Por exemplo, não se deve matar uma pessoa porque ela tem direito à vida. Já os deveres positivos parecem ser apenas deveres imperfeitos, isto é, não correspondem a direitos de outras pessoas. Por exemplo, deve-se ajudar os pobres, mas nenhuma pessoa em particular pode reivindicar, aqui e agora, o seu direito de ser ajudada. Pode-se escolher o momento, o lugar e a pessoa a ser ajudada. Por isso, parece que o princípio da não maleficência tem precedência sobre o da beneficência. Esse não é, todavia, o caso.

Pode-se perceber isso diferenciando a beneficência geral da específica. A beneficência geral é direcionada a todas as pessoas, indistinta e imparcialmente, enquanto a específica está relacionada com as pessoas com as quais se mantém relações especiais, por exemplo familiares, amigos etc. O grau de obrigatoriedade da beneficência específica parece ser maior que o da geral. Parece, ainda, evidente que a beneficência no dia a dia de uma pessoa comum não é tão obrigatória quanto na bioética. No caso específico da ética biomédica, o tipo de beneficência esperado do profissional da saúde em relação ao paciente é o específico. Em outros termos, o profissional da saúde tem o dever, estabelecido a partir do juramento hipocrático, de agir em benefício do paciente. Ele não faz "caridade", cumpre o *dever* de beneficência.

Para que exista a obrigação de beneficência, por exemplo, de um profissional X da saúde em relação a um paciente Y, uma série de condições precisa ser satisfeita: (i) que Y esteja em perigo de perder a vida ou a saúde; (ii) que a ação de X seja necessária para prevenir essa perda; (iii) que a ação de X tenha uma alta probabilidade de preveni-la; (iv) que a ação de X não cause danos, custos ou riscos a X; (v) que os benefícios que Y pode esperar superem os prejuízos que X pode eventualmente causar. Essas condições estabelecem claramente quando e como o profissional da saúde tem o dever de agir em benefício dos outros.

Para voltar novamente ao caso modelo, o profissional da saúde tem o dever de agir em benefício de Pedro. Isso pode levá-lo a aplicar a quimioterapia, mas também, dado que o princípio da beneficência é limitado pelo da não maleficência, a contrabalançar os custos e benefícios e agir no melhor interesse de Pedro. Nesse caso, isso pode significar simplesmente o não lhe causar um dano maior do que os possíveis benefícios. É o que seria recomendado pelos princípios acima examinados e, também, o que pode ser considerado *justo*. Para compreender melhor esse ponto, será analisada a justiça.

Justiça. O tema da justiça é bastante complexo, e envolve uma série que questões sociais e políticas que não podem ser tratadas em um curto espaço. O que será apresentado aqui são as linhas gerais do tema tal como ele foi formulado no principialismo, e algumas de suas vinculações com a bioética.

Para se evitar mal-entendidos, é preciso distinguir entre justiça *formal* e *material*. Tratar as pessoas iguais de forma igualitária e os desiguais diferentemente é uma exigência da justiça formal. Esse é um princípio geral da bioética e está também na base de qualquer relacionamento humano. Enquanto princípio formal, ele estabelece as bases do igualitarismo. Todavia, há sempre o problema de saber que critério permite considerar os indivíduos iguais ou diferentes, pois não parece existir qualquer dúvida de que, enquanto pessoas, somos todos iguais, isto é, possuímos os mesmos direitos e obrigações.

A justiça formal está presente, por exemplo, na distribuição de um bem qualquer. Se não existirem considerações que justifiquem uma partilha desigual, o princípio formal de justiça exige que ele seja repartido igualmente. Por exemplo, se uma mãe vai dividir um bolo entre seus quatro filhos, cada um deve receber um pedaço de bolo semelhante ao dos outros. No caso da bioética, muitas vezes se discute como devem ser feitas distribuições dos recursos para a saúde. O que o princípio formal da justiça exige é que, se não há outras considerações justificadas, os recursos devem ser distribuídos de forma igualitária.

Esse é, todavia, apenas um aspecto da justiça. Se a considerarmos sob o ponto de vista material, uma série de complicações podem surgir. Hoje, existem várias teorias que estabelecem critérios diferentes para se considerar uma distribuição justa sob o ponto de vista material: dar a cada um de modo igual; a cada um segundo a necessidade; a cada um segundo o mérito; a cada um segundo a contribuição individual; a cada um segundo as "leis" do mercado etc. Isso levou a uma proliferação de teorias da justiça, e cada uma delas tem um enfoque particular sobre a saúde: os utilitaristas discutem os benefícios de políticas públicas para a maximização do bem-estar; os liberais radicais sustentam que cada pessoa deve possuir seus meios privados para prover o necessário para si; os igualitaristas liberais sustentam que a satisfação de certas necessidades básicas de saúde é o que deve contar.

Diante desse quadro, parece difícil, senão impossível, encontrar um denominador comum. Todavia, no principialismo adotou-se um critério material de justiça que, em teoria, poderia ser aceito pelas diferentes posições políticas. Claramente, o gênero, a raça, a nacionalidade, o status social etc. não podem ser usados para estabelecer critérios nem para a distribuição de bens, nem para o oferecimento de oportunidades, sejam educacionais ou de acesso à saúde. Por isso, alguns principialistas sustentam que certos princípios materiais de justiça, tais como o mérito, a contribuição, o esforço individual, são inadequados quando tratamos da distribuição de recursos para a assistência à saúde. Eles argumentam que a *satisfação das necessidades básicas* é o critério a ser adotado. Pode-se, desse modo, formular o princípio da justiça equitativa assim: *distribua os bens segundo a necessidade*. Junto com o respeito à autonomia, a não maleficência e a beneficência, essa norma básica completa as fundações do principialismo.

A partir desse princípio, várias questões podem ser formuladas: Quais são os tipos de assistência à saúde que devem existir em uma sociedade?; Quem vai recebê-los?; Quem vai providenciá-los?; Quem vai custeá-los?; Quem vai administrar as distribuições? Mesmo sem dar, aqui, respostas detalhadas para todas essas questões, o princípio da justiça forneceu um critério para a alocação de recursos: a necessidade. É claro que existem muitos fatores complicadores, por exemplo a quem fornecer os tratamentos mais caros e sofisticados? Quer dizer, a alocação dos recursos tem que seguir padrões rigorosos de racionalização: tirar o máximo de benefício dos recursos, que são sempre limitados. O orçamento destinado à saúde deve ser elaborado segundo diferentes necessidades: as de tratamento, isto é, as especificamente médicas, mas também as preventivas, que melhoram o padrão da qualidade de vida, como campanhas educativas, proteção ao meio ambiente etc. Esses são elementos fundamentais de uma vida saudável e serão revistos mais adiante.

Nas últimas edições do livro *Principles of Biomedical Ethics*, em especial na sétima (2013, p.261), os autores incorporaram contribuições recentes das teorias de justiça baseadas na capabilidades (*capabilities*) e no conceito de bem-estar (*well-being*). Em especial, merecem menção os ingredientes do bem-estar relacionados com problemas bioéticos e justiça social: saúde, segurança pessoal, raciocínio, respeito, relações pessoais e autodeterminação. Todos esses elementos são constitutivos do bem estar das pessoas e proporcioná-los é uma questão de justiça social.

Se for discutido, novamente, o caso de Pedro da Silva, parece claro que o princípio da justiça exige que recursos sejam alocados para o tratamento de Pedro tanto quanto de qualquer outro ser humano. Quer dizer, deve-se procurar atender às suas necessidades básicas sem levar em conta o fato de que, sendo deficiente, ele não pôde contribuir para o sistema de saúde. É uma questão distinta, porém, saber se é justo mantê-lo sob um tratamento caro e sofisticado a qualquer custo. Quer dizer, possivelmente, muitos recursos seriam gastos para mantê-lo em um estado vegetativo nos últimos dias de sua vida enquanto as necessidades básicas de outras pessoas (saneamento, alimentação adequada etc.) não estariam sendo atendidas. Isso seria justo sob o ponto de vista social? Esse caso nos coloca, também, diante de diversos problemas relacionados com o fim da vida — por exemplo, a eutanásia — que serão discutidos mais adiante.

Feita uma apresentação geral do principialismo, cabe dizer, por fim, que ele foi criticado por uma série de problemas. Por exemplo, os princípios parecem ser muito gerais e, por isso, não orientariam efetivamente as ações. Seria preciso, então, pensar a partir de casos concretos, como foi feito aqui, mas evitando-se a casuística. Uma alternativa, seria usar outro aparato conceitual a partir de uma ética de virtudes: por exemplo, concentrar-se no caráter e nas qualidades do agente. Além disso, diz-se que essa teoria nasceu restrita ao contexto americano e que, hoje, há necessidade de uma bioética brasileira ou latino-americana, isto é, mais adequada ao nosso contexto social. Antes de discutir a pertinência ou não dessas críticas, é necessário discutir a aplicação dos princípios examinando outras questões bioéticas.

Para encerrar esta seção, é preciso indicar, a partir dos princípios estudados, a necessidade de criação de um número cada vez maior de Comitês de Bioética. Diferenciando-se das Comissões de Ética Médica, eles teriam várias funções: revisar casos para confirmar o diagnóstico ou o prognóstico de pacientes; revisar as decisões tomadas pelo médico ou pelo responsável legal etc. Enfim, eles tentariam evitar que tanto profissionais da saúde quanto familiares tomem decisões que não favoreçam acima de tudo os interesses dos pacientes.

Parece claro, a partir do que foi dito, que é possível estender os princípios da bioética e tratar outras questões relevantes relacionadas com o início da vida (por exemplo, o aborto), o meio (a qualidade de vida) e o fim da vida, ou seja, a morte. É o que será feito a seguir.

Aplicações dos princípios

Serão discutidos, agora, alguns problemas específicos de bioética como forma de aplicar os princípios apresentados. Essa será também uma outra maneira de testar a validade dos mesmos. Os temas relacionados com o início da vida serão examinados a seguir.

O início da vida. Antes de discutir se o aborto deve ou não ser permitido, algumas questões preliminares serão abordadas. Estamos hoje próximos de superpovoar o planeta, há milhões de pessoas passando fome e os recursos naturais necessários à subsistência são muito limitados. Por isso, a primeira coisa a fazer é controlar a taxa de natalidade. Assim, todos os métodos contraceptivos que não trazem risco à saúde deveriam ser permitidos. Importa, também, ter uma política pública clara no sentido de conscientizar as pessoas para que evitem gestações problemáticas. Há um pressuposto ético importante, fundado no princípio da beneficência, que dá apoio a essa ideia: novos seres humanos devem existir se há condições de garantir para eles uma *vida com qualidade.* Essas condições nem sempre podem ser satisfeitas. Por exemplo, quando mulheres muito jovens engravidam sem desejar, podem comprometer seus projetos de vida. É por essa razão que elas recorrem a práticas abortivas. É evidente, portanto, que independente de o aborto dever ou não ser permitido, é necessário ser prudente e evitar toda e qualquer gestação indesejável.

É necessário, também, examinar alguns métodos artificiais de reprodução que visam superar problemas com a fertilidade. Por exemplo, a fertilização *in vitro* pode ser uma forma de resolver as dificuldades da reprodução natural. Outra maneira é a adoção, que precisaria ser mais estimulada. Recursos tais como a barriga de aluguel, apesar de serem mais delicados, também poderiam ser usados para essa finalidade. Parece, todavia, que há limites para esses métodos. Por exemplo, a clonagem *reprodutiva* de seres humanos não deveria ser permitida. Ela é ainda problemática e até mesmo tecnicamente questionável, porém o mais grave é que pode estar baseada em desejos egocêntricos. Também deve ser proibida, se tiver como objetivo produzir novos seres simplesmente para fornecer órgãos compatíveis para transplante. Nesse sentido, o princípio do respeito à pessoa a proíbe. Talvez possa existir uma exceção tornando-a permissível no caso de infertilidade, mas, se um dia isso se tornar tecnicamente possível, o novo ser humano deve ser claramente visto como uma *pessoa*. Quer dizer, o princípio citado exige que o clonado seja respeitado como um ser independente, portador de direitos e deveres.

Associada aos meios artificiais de fertilização está a experimentação embrionária com vistas à melhoria genética, questão que possui contornos delicados. A experimentação pode, a princípio, ser feita tendo presente que os pré-embriões excedentes podem servir para desenvolver técnicas capazes, por exemplo, de usar células-tronco para fins de transplante. Nesse estágio, nenhuma *pessoa* está envolvida, isto é, ninguém é desrespeitado em sua autonomia. O princípio da não maleficência também não coíbe essa prática. Desse modo, a melhoria genética não possui nada de moralmente condenável em si mesma. Se for possível identificar problemas na formação fetal em um nível bastante primário de gestação, não há razões morais para se coibir uma possível correção a fim de produzir indivíduos mais saudáveis. Também não parece ser moralmente condenável utilizar os zigotos excedentes das clínicas de fertilização com a finalidade exclusiva de desenvolver o aperfeiçoamento genético do ser humano. Entretanto, não se pode confundir práticas eugênicas com, por exemplo, discriminação racial. Deve-se evitar a todo custo que a genética seja a nova base das discriminações sociais, pois isso feriria radicalmente o princípio da justiça.

Alguns filósofos atuais distinguem dois tipos de eugenia: a negativa ou preventiva (em que certas doenças transmitidas hereditariamente seriam evitadas por uma intervenção terapêutica) e a positiva ou de melhoramento (em que, através de intervenções reformadoras, procura-se produzir seres geneticamente aperfeiçoados). Sustenta-se que a primeira é justificável eticamente, mas não a segunda. A dificuldade, aqui, é estabelecer uma clara linha demarcatória entre as duas.

É possível, agora, discutir a possibilidade de interrupção de uma gestação a partir dos princípios analisados anteriormente. O aborto parece ser moralmente permitido em uma série de casos, mas é duvidoso em outras. Por exemplo, nos casos em que a gravidez põe em risco a vida da mãe, ou em que há más-formações gravíssimas (por exemplo, anencefalia) ou ainda doenças que certamente impedirão uma vida com qualidade, alguns principialistas sustentam que o aborto é moralmente permitido. Existem, em diferentes países, as mais variadas legislações legalizando alguns desses casos e proibindo outros. Isso se deve ao maior ou menor grau de liberdade existentes, pois valoriza-se principalmente o princípio da autonomia da mulher.

Os casos de gestação indesejada são difíceis. O principal problema é que os diferentes princípios examinados anteriormente parecem entrar em conflito. O princípio da não maleficência pode ser invocado para coibir o aborto. Mas pode-se contrapor a ele o princípio do respeito à autonomia da mulher, que deveria decidir livremente sobre levar adiante uma gestação ou não. Quando esses princípios são contrapostos, podem surgir dilemas morais. Aqui está uma das razões da disputa entre as posições *pró-vida* e *pró-escolha*. Em nome da autonomia, uma mulher jovem argumentaria que um filho atrapalharia sua vida profissional. Ela poderia optar por interromper a gravidez naquele momento e conceber um filho mais adiante, quando sua vida estivesse estabilizada. Nem sempre, todavia, as razões para o aborto são justificáveis. Por exemplo, ela não poderia, em nome do mesmo princípio, argumentar que quer interromper a gravidez porque ela atrapalha suas férias.

Para vermos as coisas mais claramente, cabe distinguir algumas fases no processo de gestação. A interrupção do desenvolvimento do zigoto não parece ser problemática por motivos morais, nem naturais. Muitos abortos espontâneos acontecem nesse período, se o óvulo fecundado não se fixa no útero materno. Na realidade, não há ainda *gestação* no sentido estrito do termo. Disso se segue, segundo alguns principialistas, que não há problemas morais relacionados com a experimentação embrionária; até o décimo quarto dia, o zigoto não apresenta nenhum traço morfológico humano. Sustenta-se ainda que até a décima segunda semana gestações indesejadas por razões sólidas (por exemplo má-formação do feto ou feto portador de doença gravíssima) deveriam poder ser interrompidas. Por isso, o aborto não contrariaria as leis naturais e seria justificável moralmente. O princípio da autonomia pode, nesse caso, ser invocado, sobrepondo-se aos demais. A partir de estágios mais avançados do desenvolvimento da gravidez, o córtex cerebral já está formado (logo, o feto sente dor) e, por conseguinte, o princípio da não maleficência proibiria o aborto, superpondo-se ao da autonomia. Desde esse ponto de vista, então, a interrupção da gestação deve ser permitida somente em um número extremamente pequeno de casos, por exemplo se a mãe correr risco de vida. A partir do sexto mês, quando o feto está completo e pode sobreviver fora do útero materno com os cuidados normais que toda criança precisa ter, as gestações jamais deveriam ser interrompidas voluntariamente.

O meio da vida. Assim que um ser humano nasce, é natural zelar para que essa nova forma de vida desabroche, floresça e frutifique. Por isso, é necessário refletir sobre a qualidade de vida. Dentre todas as questões relacionadas com esse tema, a satisfação das necessidades básicas é, certamente, uma das mais importantes. Essa ideia parece derivar do princípio da justiça, mais especificamente da igual distribuição dos bens primários entre as pessoas. Ela é a condição central para uma vida boa. Essas necessidades podem variar durante os diferentes estágios da vida, mas algumas, como alimentação e afeto, são constantes. Parece, então, que é preciso estabelecer uma política pública de satisfação das necessidades básicas para todos os cidadãos. Por isso as instituições governamentais, principalmente o Poder Legislativo, devem pautar-se pelo ideal de uma sociedade justa e saudável. A eliminação da dor causada pela não satisfação dessas necessidades é prioridade e tem, portanto, implicações importantes para a bioética. Essa ideia deriva dos princípios da não maleficência e da beneficência.

Há vários temas bioéticos específicos relacionados com a qualidade de vida. Um deles é o dos transplantes. Sem aprofundar a análise de casos em particular (xenotransplantes, pesquisas com células-tronco etc.), parece evidente que em nome da melhoria das condições de existência de cada pessoa esses procedimentos são moralmente justificáveis. Ou melhor, não apenas é moralmente permitido que uma pessoa ao morrer doe gratuitamente seus órgãos sadios, como também, em nome do princípio da beneficência, moralmente obrigatório. Devemos zelar pelo nosso bem-estar, mas também pelo dos outros.

Não basta viver, é preciso viver bem. Por isso, a reflexão sobre a qualidade de vida não pode ater-se simplesmente à questão das necessidades básicas. É preciso também pensar nos projetos de vida individuais. Nesse sentido, a escolha da forma de viver é prerrogativa de cada pessoa. É o que exige o princípio do respeito à autonomia.

Um tópico importante relacionado com a qualidade de vida são as relações dos seres humanos com o meio ambiente e com os outros animais. A visão tradicional, que instrumentalizava a natureza, precisa ser superada. Essa concepção está eliminando muitas formas de vida, ameaçando outras e colocando nossa própria sobrevivência em jogo. Como foi visto na primeira seção, essa foi a preocupação inicial da bioética. Segundo alguns principialistas, a biodiversidade pode possuir valor intrínseco, e a natureza não pode ser vista simplesmente como mero recurso para o ser humano. Nesse sentido, as pesquisas biotecnológicas envolvendo outros animais precisam ser conduzidas dentro de padrões éticos rigorosamente justificados. Talvez um dos tópicos mais importantes deste início de século esteja exatamente relacionado com esse tipo de pesquisa e suas implicações para a biossegurança. É necessário garantir não apenas a qualidade de vida para esta geração, mas também um mundo habitável para todos os seres vivos, agora e no futuro.

Essas breves reflexões ajudam a esclarecer o que significa levar uma vida valiosa. Todavia, quando certas condições se perdem, a própria vida parece perder o sentido. É hora, então, de se pensar a morte.

O fim da vida. Os filósofos, tradicionalmente, fizeram muitas reflexões sobre o suicídio. O princípio bioético básico que permite o suicídio é, certamente, o do respeito à autonomia. Quer dizer, é exatamente porque a pessoa tem a capacidade e o direito de decidir livremente se vale a pena continuar vivendo sob certas condições que o suicídio não poderia ser proibido. O indivíduo é o único árbitro de seu próprio destino. É fato que a maior parte das pessoas deseja viver, mas é também verdade que muitos, em situações extremas, decidem morrer. Da mesma maneira, o suicídio assistido, ainda um mito bioético, pode e deve ser encarado de forma mais natural. Quer dizer, se uma pessoa, no pleno gozo de suas faculdades mentais, decidir que não vale a pena continuar vivendo, por que não assessorá-la? Isso evitaria que ela passasse longos anos agonizando em leitos hospitalares, simplesmente vegetando.

A partir das reflexões sobre o suicídio, é possível aplicar o princípio do respeito à autonomia a outras questões relacionadas com a morte, principalmente a eutanásia. A boa morte (eutanásia), a morte escolhida, não deve ser vista como algo antinatural ou contrário às leis divinas. Respeitando a autonomia, é possível ter uma atitude menos mitificadora perante a morte. Por exemplo, é necessário ter uma legislação mais clara nesse aspecto, desenvolvendo o biodireito mais rapidamente, para dar conta das transformações da realidade. Para evitar que pessoas cheguem a ficar em estado de coma, sem ter manifestado claramente o que pensam sobre a melhor forma de morrer, deve existir um sistema de identificação e documentação da pessoa física que esclarecesse suas opiniões e sua forma preferida de pôr fim à vida. Felizmente, temos agora no Brasil as "Diretivas antecipadas de vontade", documento criado pelo Conselho Federal de Medicina que garante ao paciente o direito de expressar seus desejos e interesses de final da vida recusando certos tratamentos. Esse processo é público, para impedir tanto que os interesses familiares se sobreponham aos da pessoa em questão quanto a possível manipulação médica. É necessário evitar que profissionais da saúde decidam arbitrariamente se uma pessoa deve viver ou morrer. Médicos não podem se transformar nem em assassinos, nem em deuses, isto é, senhores da vida e da morte. A decisão de morrer ou não cabe à pessoa que, no pleno uso de suas faculdades, pode prever uma forma digna de deixar a existência especificando claramente o que deve ser feito caso atinja um estado em que a vida não pode mais ser plenamente vivida.

Para se ter clareza sobre essas questões, é necessário distinguir diversos tipos de eutanásia. Quanto ao tipo de ação, há a eutanásia ativa e a passiva. A primeira consiste no ato deliberado de provocar a morte de alguém, enquanto na segunda a morte acontece porque não é impedida. A permissão moral da eutanásia não pode ser dada apenas a partir do tipo de ato que ela implica. Quanto ao consentimento do paciente, temos a eutanásia voluntária, a involuntária e a não voluntária. A primeira ocorre quando a morte é provocada a pedido do próprio paciente; a segunda, quando é provocada contra a vontade do paciente (nesse caso, é a equipe médica ou a família que decide pela sua morte); a terceira, quando a morte é provocada sem que o paciente tivesse manifestado sua vontade e deixado clara sua posição sobre o assunto. A eutanásia voluntária é a que menos problemas apresenta sob o ponto de vista bioético, pois o princípio da autonomia a torna moralmente permissível, mas os outros tipos de eutanásia também podem ser pensados a partir dos princípios apresentados.

Alguns principialistas defendem uma atitude mais liberal quanto à eutanásia. A vida é um processo que se renova continuamente e não pode ser outra coisa senão puro egoísmo prender-se demasiadamente à vida a qualquer custo. Em um mundo onde os recursos materiais são limitados, onde o acesso a tratamentos caros é difícil e, ao mesmo tempo, há milhões de miseráveis, não faz sentido a sociedade investir maciçamente na manutenção de vidas que estão vegetando e que, muito provavelmente, jamais recuperarão as condições de dignas e valiosas. Os princípios da autonomia e justiça autorizam a pensar liberalmente a eutanásia. Portanto, tratamentos fúteis não devem ser utilizados. Se é correto estabelecer a necessidade como critério a partir do princípio da justiça de alocação de recursos para a saúde, também é correto introduzir a efetividade como condição da utilização de certos tratamentos. A limitação de recursos exige que a triagem siga critérios de justiça e de eficiência.

Essas breves observações sobre a vida e a morte são apenas uma tentativa de aplicar os princípios examinados na segunda seção. Elas não devem ser vistas como conclusivas, mas apenas como forma de pensar esses assuntos a partir dos princípios apresentados. Decidir se eles são válidos ou não, se são suficientes ou não, é algo que cabe a cada pessoa.

Problemas e perspectivas

Nesta última seção, serão discutidos alguns problemas do principialismo bem como apresentadas possíveis respostas a certas críticas a ele dirigidas. Serão apontados, também, enfoques alternativos e perspectivas da bioética.

Uma das mais frequentes críticas dirigidas ao principialismo é o suposto formalismo, isto é, as normas básicas seriam amplas demais e, assim, destituídas de conteúdo. Isso conduziria a um generalismo vazio. Por exemplo, dizer "faça o bem" parece não orientar efetivamente nossas práticas cotidianas. Há um fundo de verdade nessa crítica. Porém o principialismo, ao assumir uma pluralidade de primeiros princípios, diferentemente de outras teorias baseadas em normas gerais tais como o utilitarismo e as éticas kantianas, e ao procurar extrair regras particulares de ação a partir deles, evita em grande medida as dificuldades de uma ética formalista. Além disso, é possível tomar um caso particular e discutir os problemas morais que ele envolve a partir dos princípios apresentados. Essa postura é mais consistente sob o ponto de vista ético do que uma pura e simples casuística.

Um problema associado a essa questão é a aparente dificuldade do principialismo de resolver satisfatoriamente certos dilemas morais que surgem nas diferentes práticas. Isso se deve ao fato de que ele é composto tanto de princípios deontológicos (do grego *deon*, dever), como por exemplo o respeito à autonomia, a não maleficência e a justiça, quanto por um princípio teleológico (do grego *télos*, fim), a saber, a beneficência. Assim, muitas vezes um profissional da saúde se vê na situação complicada de não saber se deve agir a partir do princípio da autonomia e respeitar a vontade do paciente ou a partir do princípio da beneficência e fazer aquilo que sua ciência exige. Em algumas circunstâncias, esse dilema pode tomar formas dramáticas. Por exemplo, imagine que uma pessoa se negue a autorizar uma transfusão de sangue, com base em suas convicções religiosas, e que esse procedimento seja absolutamente necessário para restituir sua saúde. O que fazer? O principialismo defende que a aplicação de um princípio ou outro deve ser determinada pela circunstância particular, mas isso não é, muitas vezes, tão simples como parece.

Nesse ponto, é necessário salientar que o principialismo pode assumir diferentes configurações. Por exemplo, Engelhardt defendeu em seu livro *Fundamentos de bioética* a prioridade do princípio da autonomia, por ele chamado de princípio do consentimento. Sustenta que há uma rede de acordos implícitos nas relações intersubjetivas que legitimam as regras morais. Partindo do pressuposto de que uma sociedade pós-moderna, entendida como basicamente pluralista, precisa de uma bioética secularizada, Engelhardt argumenta que o consentimento ou a permissão do indivíduo é a primeira instância – e última – de toda e qualquer decisão sobre problemas morais. Nesse caso, no dilema acima apresentado, Engelhardt defende que o princípio do consetimento deve ter prioridade sempre e, assim, o dilema desapareceria.

Há outras críticas ao principialismo que são menos importantes. Por exemplo, costuma-se hoje, no Brasil, acusar essa teoria de ter sido elaborada nos Estados Unidos e de ter pouca aplicação no nosso contexto latino-americano. Tal crítica é, certamente, muito fraca. Ninguém refuta uma teoria dessa maneira. Além disso, se os problemas sociais brasileiros, tais como a fome e a pobreza, exigem um tratamento imediato, isso pode ser algo que o próprio principialismo defenda a partir do princípio da justiça. Por conseguinte, basta aplicar esse princípio e dar-lhe maior valor. Como se pode perceber, o principialismo é uma postura ética bastante complexa e capaz de se adaptar às exigências circunstanciais.

Outros eticistas sustentam, como se viu, que traços de caráter, modos de ser e costumes são elementos mais significativos para levarmos em consideração no tratamento dos problemas bioéticos. Todavia, essa crítica faz sentido apenas até certo ponto. Em primeiro lugar, a tendência conservadora da ética de virtudes precisa ser abandonada em uma perspectiva ético-filosófica séria da bioética: o *ethos* preexistente em uma comunidade não é por si só necessariamente válido. Além disso, o caráter do agente não pode ser o critério de correção de uma ação. Isso é tão formal e arbitrário quanto sustentar um princípio único. Em segundo lugar, o principialismo não é incompatível com virtudes, traços de caráter etc. Ao contrário, certos princípios podem até requerê-los. É necessário, também, lembrar que as virtudes não são boas senão quando embasadas em princípios sólidos. Pode-se dizer, então, que ter um bom caráter não é senão ter princípios justificados. Além disso, também não é verdade que o principialismo negligencie a distinção entre *regras* (o que é moralmente requerido) e *ideais* (o que é moralmente encorajado). O capítulo 2 do livro de Beauchamp e Childress, já citado, trata do caráter moral incluindo um estudo das *virtudes* e dos *ideais* na vida profissional. Por conseguinte, um princípio pode prescrever um ideal moral, por exemplo o da beneficência. Este ainda relaciona-se com uma qualidade moral: a benevolência.

É evidente, entretanto, que a vida moral não se deixa reduzir a princípios. Estes são guias de ação que pressupõem julgamento na aplicação, que por sua vez depende do caráter, das virtudes do agente. Beauchamp e Childress citam explicitamente as virtudes focais da compaixão, do discernimento (ou prudência), da confiabilidade e da integridade como sendo centrais para a vida profissional. Por isso, princípios e virtudes complementam-se mutuamente.

O principialismo parece possuir, realmente, uma lacuna sob o ponto de vista filosófico por não dar a devida atenção reflexiva à questão do valor da vida humana. Nesse sentido, cabe apontar que muitos filósofos têm trabalhado questões bioéticas a partir do conceito de *valor intrínseco da vida*. Por exemplo, em seu livro *O domínio da vida*, Ronald Dworkin defende a ideia de que as discussões e diferenças em torno de questões como aborto, eutanásia etc. são devidas a problemas secundários e que todos, sejam teístas ou materialistas, têm uma profunda convicção de que a vida possui valor por si própria. Visto que essa posição é importante para a bioética enquanto *ética da vida*, é necessário apresentá-la de forma mais detalhada.

Dworkin procura caracterizar claramente o que é possuir valor intrínseco. Ele procede inicialmente de forma negativa, isto é, procura dizer primeiro o que não é o valor intrínseco. Nesse sentido, faz duas distinções sobre valor: algo pode ser *instrumentalmente* valioso: o seu valor depende de sua utilidade, de sua capacidade de ajudar as pessoas a conseguir o que querem – a medicina e o dinheiro são exemplos de coisas instrumentalmente valiosas; e algo pode ser *subjetivamente* valioso: seu valor depende do fato de que as pessoas desejam tais e tais coisas: uísque escocês, assistir a uma partida de futebol, tomar banho de sol etc. Tendo feito essas duas observações, Dworkin esclarece que algo é intrinsecamente valioso se o seu valor é independente do que as pessoas de fato gostam, querem ou precisam, ou do que é bom para elas. Em outros termos, algo possui valor intrínseco se é valioso em si e por si mesmo, e não como mero meio para outra coisa. Nesse sentido, valor intrínseco contrapõe-se a valor instrumental.

Essa noção pode ser aplicada para discutir questões bioéticas. No livro *Bioética: princípios morais e aplicações*, procurei mostrar como o aborto, a qualidade de vida e a eutanásia podem ser pensadas a partir de outra norma básica que também deveria fazer parte do principialismo: *reverencie o valor intrínseco da vida*. Essa norma permite refletir sobre várias questões bioéticas realmente negligenciadas pelo principialismo. A mais importante delas está relacionada com o próprio nascimento da bioética: a necessidade de pensarmos eticamente a vida incluindo nossa relação com o meio ambiente e os outros animais.

É possível discutir, brevemente, algumas questões bioéticas a partir da noção de que a vida possui valor intrínseco.

Independente de posições políticas mais conservadoras ou liberais, parece claro que quase todas as pessoas possuem uma profunda convicção de que é intrinsecamente errado terminar de forma deliberada com uma vida humana. Segundo Dworkin, as diferenças entre conservadores e liberais não são muito grandes: enquanto os primeiros sustentam que somente no caso de salvar a vida da mãe ou em caso de estupro ou incesto o aborto é moralmente permitido, os últimos acrescentam que também nos casos de anormalidade grave do feto pode-se optar pela interrupção da gravidez. Seja qual for a posição política adotada, o certo é que ambas as visões partilham a ideia de que a vida humana possui valor intrínseco sagrado, de que é inviolável. Em outros termos, a vida possui algum tipo de inviolabilidade que precisa ser respeitada. O problema é que essas posições políticas parecem levar a aplicações diferenciadas dos princípios básicos da bioética.

A posição diante da eutanásia é semelhante. A diferença é que, agora, Dworkin introduz outros princípios para esclarecer melhor a questão, basicamente o da autonomia e o dos melhores interesses. A compatibilização desses dois princípios não é fácil. O dado importante é que Dworkin pensa que o suicídio e a eutanásia são, em princípio, moralmente proibidos porque a vida humana possui valor intrínseco. Segundo ele, tanto teístas quanto ateístas concordariam com esse ponto. As discordâncias são relativas às circunstâncias sob as quais alguém estaria justificado para encurtar uma vida penosa. Avaliar criticamente essa posição, entretanto, está além dos limites deste trabalho.

Como se pode perceber, a reflexão sobre o valor da vida é necessária para se pensar mais profundamente os problemas da bioética. Além disso, a relação entre os desenvolvimentos científicos e tecnológicos e os valores humanos precisa ser melhor equacionada. Por um lado, a ciência não pode ser mitificada como a detentora única da verdade. Por outro, não pode ser condenada como malévola; o obscurantismo deve ser evitado.

O século XX presenciou várias utilizações conflitantes dos desenvolvimentos científicos e tecnológicos. De alguns, pode-se ter orgulho. Por exemplo, em 1919, um grupo de cientistas no hemisfério sul, através de um eclipse solar, conseguiu testar com êxito a teoria da relatividade de Einstein, julgada por muitos como especulações interessantes mas sem valor. O mundo todo admirou a notável capacidade que a ciência tem de encontrar explicações cada vez mais corretas para os fenômenos do universo. Mas muitas aplicações da ciência são condenáveis. O mundo aterrorizou-se, em 1945, quando bombas atômicas destruíram Hiroshima e Nagasaki. Embora se conhecesse teoricamente o poder destruidor que teria a liberação da energia do átomo, ninguém esperava que o homem pudesse utilizá-la com tais finalidades. É óbvio que há utilizações, na própria medicina, que são benéficas. Por conseguinte, podemos perceber que a ciência pode ser usada tanto para o bem quanto para o mal. Cabe ao ser humano, enquanto ser livre, escolher.

É com espanto e, ao mesmo tempo, admiração que quase todos os dias pode-se ler ou ouvir notícias sobre os desenvolvimentos científicos e tecnológicos na área das ciências da vida. Por exemplo, as aplicações do Projeto Genoma estão apenas começando e já revolucionam a medicina e a vida cotidiana em geral. A perplexidade que se sente diante dessas aplicações causa, também, um certo desconforto moral. Muitas delas parecem duvidosas para os padrões morais atuais. Diante disso, tanto é condenável aceitar toda e qualquer aplicação possível da ciência quanto condenar de forma preconceituosa os avanços tecnológicos. Seja como for, o certo é que é preciso refletir eticamente sobre o lugar que a ciência e a técnica ocupam na vida. Esse é um dos maiores desafios atuais da bioética.

Observações finais

Estas observações finais não pretendem apresentar conclusões definitivas sobre os temas aqui estudados. Ao contrário, vão procurar estimular ainda mais a reflexão sobre as questões abordadas.

Primeiramente, é necessário recapitular os principais pontos examinados neste trabalho. Iniciou-se examinando o surgimento e o desenvolvimento da bioética. Foi visto que ela é uma disciplina relativamente nova e que há vários enfoques dos temas bioéticos. Optou-se por aprofundar a teoria principialista por ser ainda hoje o enfoque predominante e pela possibilidade de se resolver muitos dos problemas que surgem. Como foi visto, essa teoria é formada por quatro princípios fundamentais: o respeito à autonomia, a não maleficência, a beneficência e a justiça. Depois de examinados esses princípios, procurou-se aplicá-los a diferentes questões relacionadas com o início, o meio e o fim da vida. Finalmente, discutiu-se as críticas ao principialismo e os enfoques alternativos. Foi notado que seria necessário aprofundar a discussão sobre o valor da vida para se poder enfrentar certas questões bioéticas com um aparato conceitual mais apropriado.

Há muitos pontos que permanecem abertos. Por um lado, a vida parece ser complexa demais para caber em uma teoria. Por outro lado, as convicções morais são constantemente abaladas pelos novos desenvolvimentos científicos e tecnológicos. Por isso, não se deve assumir uma postura dogmática nem em relação à ciência, nem na bioética.

Para finalizar, é necessário chamar a atenção para o fato de que as questões muitas vezes discutidas sob o nome "bioética" são de tal natureza que mostram uma certa desorientação geral diante dos avanços das ciências e de suas aplicações tecnológicas. Poucas pessoas têm clareza e convicção suficientes sobre, por exemplo, se os alimentos transgênicos deveriam ser liberados ou não. Por isso, junto com o progresso científico e tecnológico deve-se buscar o próprio desenvolvimento ético. Nesse sentido, o principialismo, aqui analisado, representa um esforço para construir uma bioética à altura dos desafios atuais. Portanto, assim como a ciência e a tecnologia progridem a cada dia, deve-se também elevar os padrões morais continuamente em direção a uma verdadeira *ética da vida*.

Anexo: O Relatório Belmont

Princípios éticos e linhas gerais para a pesquisa envolvendo seres humanos.

A pesquisa científica tem produzido benefícios sociais substanciais, mas também levantou algumas questões éticas sérias. Abusos cometidos contra seres humanos em experimentos biomédicos, especialmente durante a Segunda Guerra Mundial, chamaram a atenção do público. Durante o Tribunal de Guerra de Nuremberg, o Código de Nuremberg foi escrito como um conjunto de padrões para julgar médicos e cientistas que conduziram experimentos desse tipo nos campos de concentração. Esse código tornou-se o protótipo para muitos outros, que procuravam garantir que a pesquisa envolvendo seres humanos fosse feita de modo ético.

Os códigos consistem em regras, algumas gerais, outras específicas, que guiam os investigadores ou os examinadores da pesquisa em seu trabalho. Tais regras são, frequentemente, inadequadas para cobrir situações complexas. Algumas vezes entram em conflito e são difíceis de interpretar ou aplicar. Princípios éticos mais amplos servirão de base sobre a qual regras específicas podem ser formuladas, criticadas e interpretadas.

Três princípios ou julgamentos gerais prescritivos relevantes na pesquisa envolvendo seres humanos são identificados neste documento. Outros princípios também podem ser relevantes. Esses três, todavia, por serem amplos e enunciados de forma generalizada, podem auxiliar cientistas, pacientes e cidadãos interessados em compreender os assuntos éticos inerentes a esse tipo de pesquisa. No entanto, nem sempre podem ser aplicados para resolver problemas éticos particulares sem causar alguma discussão. O objetivo é fornecer um esquema analítico que oriente a resolução de questões éticas surgidas da pesquisa envolvendo seres humanos.

Este documento consiste em uma distinção entre pesquisa e prática, uma discussão dos três princípios éticos básicos e em observações sobre sua aplicação.

...

Parte B: Princípios éticos básicos.

A expressão "princípios éticos básicos" refere-se a julgamentos gerais que servem como base de justificação para muitas prescrições éticas particulares e avaliações das ações humanas. Os três princípios básicos geralmente aceitos na nossa tradição cultural e identificados neste relatório são: o do respeito pelas pessoas, o da beneficência e o da justiça.

1. Respeito pelas pessoas. O respeito pelas pessoas engloba ao menos duas convicções: primeiro, que indivíduos devem ser tratados como agentes autônomos e, segundo, que pessoas com autonomia reduzida têm direito a prote-

ção. Assim, o princípio do respeito pelas pessoas divide-se em dois requisitos morais distintos: o de reconhecer a autonomia e o de proteger aqueles que possuem autonomia reduzida.

Um agente autônomo é um indivíduo capaz de deliberar sobre objetivos pessoais e de agir a partir de sua própria deliberação. Respeitar a autonomia é dar peso às opiniões e às escolhas das pessoas autônomas e, ao mesmo tempo, evitar obstruir suas ações a não ser que prejudiquem os outros. Mostrar falta de respeito por um agente autônomo é repudiar os julgamentos dessa pessoa, é negar sua liberdade de agir a partir deles ou negar, sem razões importantes para tal, informações necessárias para que ela possa fazê-los.

No entanto, nem todo ser humano é capaz de autodeterminação. Essa capacidade amadurece durante a vida e alguns a perdem, total ou parcialmente, por causa de doenças, de distúrbios mentais ou de circunstâncias que restringem muito a liberdade. O respeito pelas pessoas imaturas e incapacitadas requer protegê-las enquanto não podem tomar decisões.

Algumas pessoas necessitam de uma proteção maior, a ponto de serem até mesmo excluídas de atividades que possam prejudicá-las. Outras requerem pouca proteção além de se fazer com que assumam atividades livremente e com consciência das possíveis consequências adversas. A extensão da proteção dispensada deve depender do risco de dano e da possibilidade de benefícios. O julgamento de que um indivíduo não possui autonomia deve ser periodicamente reavaliado, e pode mudar em diferentes situações.

Na maior parte dos estudos envolvendo seres humanos, o respeito pelas pessoas exige que elas entrem na pesquisa voluntariamente e com informação adequada. Em algumas situações, todavia, a aplicação do princípio não é tão óbvia. O envolvimento de prisioneiros como elementos de pesquisa é um exemplo instrutivo. Por um lado, pareceria que o princípio do respeito pelas pessoas requer que aos prisioneiros não seja negada a oportunidade de serem voluntários na pesquisa. Por outro lado, sob as condições de prisão, eles podem ser coagidos ou influenciados de maneira sutil para participar de atividades quando, em outras circunstâncias, eles não aceitariam. O respeito pelas pessoas, então, exigiria que os prisioneiros fossem protegidos. Assim, permitir aos prisioneiros serem voluntários ou protegê-los é um dilema. Respeitar as pessoas, na maior parte dos casos complexos, é frequentemente uma questão de contrabalançar exigências conflitantes originadas pelo próprio princípio do respeito.

2. Beneficência. As pessoas são tratadas de maneira ética não somente quando são respeitadas em suas decisões e protegidas de danos, mas também quando há esforços para assegurar o seu bem-estar. Esse tratamento é requerido pelo princípio da beneficência. O termo "beneficência" frequentemente abrange atos de bondade ou caridade que estão além da obrigação no sentido estrito. Neste documento, a beneficência deve ser entendida em um sentido mais forte, como uma obrigação. Duas regras gerais têm sido formuladas como expressões complementares de ações be-

neficentes neste sentido: (1) não causar dano e (2) maximizar possíveis benefícios e minimizar possíveis danos.

A máxima hipocrática "não cause dano" tem sido por muito tempo um princípio fundamental da ética médica. Claude Bernard estendeu-o para o campo da pesquisa dizendo que um indivíduo não pode prejudicar uma pessoa, independentemente dos benefícios que possam advir para outros. Todavia, para evitar o dano é necessário aprender o que é danoso e, no processo de obter essa informação, as pessoas podem ser expostas ao risco do dano. Além disso, o juramento hipocrático requer que os médicos beneficiem os pacientes "de acordo com seu melhor julgamento". Aprender o que vai de fato beneficiar pode requerer expor a pessoa a riscos. O problema colocado por esses imperativos é decidir quando é justificável procurar certos benefícios e quando eles devem ser deixados de lado por causa dos riscos.

As obrigações de beneficência afetam tanto os pesquisadores individuais quanto a sociedade, porque se aplicam tanto a projetos particulares quanto à atividade de pesquisa como um todo. No caso dos projetos individuais, os pesquisadores e membros de suas instituições são obrigados a pensar de antemão na maximização dos benefícios e na redução dos riscos que podem ocorrer no processo de investigação. No caso da pesquisa científica em geral, os membros da sociedade são obrigados a reconhecer os benefícios de longo prazo e os riscos que podem resultar do aumento de conhecimento e do desenvolvimento de novos procedimentos médicos, psicoterapêuticos e sociais.

O princípio da beneficência, frequentemente, ocupa um lugar muito bem definido de justificação nas áreas de pesquisa envolvendo seres humanos. Um exemplo é encontrado nos projetos envolvendo crianças. Modos efetivos de tratar doenças infantis e aumentar o desenvolvimento da saúde são benefícios que servem para justificar esse tipo de pesquisa, mesmo quando os indivíduos pesquisados não são os beneficiários diretos. A pesquisa também torna possível evitar o dano resultante da aplicação de práticas previamente aceitas que, em uma investigação mais próxima, mostram-se perigosas. Mas a função do princípio da beneficência não é sempre assim tão clara. Um problema ético permanece, por exemplo, quando a pesquisa apresenta mais do que um risco mínimo sem a perspectiva imediata de benefícios para as crianças envolvidas. Alguns argumentam que tais pesquisas são inadmissíveis, enquanto outros insistem que esse limite deixaria de fora muitas pesquisas que prometem grandes benefícios para as crianças no futuro. Novamente, aqui, como em todos os casos difíceis, diferentes pontos cobertos pelo princípio da beneficência podem entrar em conflito e forçar escolhas duras.

3. Justiça. Quem deve receber os benefícios da pesquisa e financiar seus custos? Essa é uma questão de justiça, no sentido da "equidade na distribuição" ou do que "é merecido". Uma injustiça ocorre quando algum benefício a que uma pessoa tem direito é negado sem uma boa razão ou quando algum custo é imposto indevidamente. Outro modo de conceber o princípio da justiça é determinar que iguais devem ser tratados igualmente. Todavia, isso exige

explicações. Quem é igual e quem é diferente? Que considerações justificam uma distribuição que não seja igual? Quase todos os estudiosos sustentam que distinções baseadas em experiência, idade, carência, competência, mérito e posição constituem, algumas vezes, um critério justificado de tratamento diferenciado para certos propósitos. É necessário, então, explicar em quais aspectos as pessoas devem ser tratadas igualmente. Há várias formulações amplamente aceitas de modos justos de distribuir custos e benefícios. Cada formulação menciona alguma propriedade relevante na base da qual os custos e benefícios devem ser distribuídos: (1) a cada pessoa igualmente; (2) a cada pessoa de acordo com a necessidade individual; (3) a cada pessoa de acordo com o esforço individual; (4) a cada pessoa de acordo com a contribuição societária; e (5) a cada pessoa segundo o mérito.

Questões de justiça têm sido, há muito tempo, associadas a práticas sociais tais como punição, taxação e representação política. Até recentemente, essas questões não tinham sido geralmente associadas à pesquisa científica. Todavia, elas foram antecipadas mesmo nas primeiras reflexões sobre a ética da pesquisa envolvendo seres humanos. Por exemplo, durante os séculos XIX e XX, o ônus de servir como elemento de pesquisa recaía sobre os pacientes mais pobres, enquanto os benefícios do cuidado médico desenvolvido iam primeiramente para os pacientes ricos. Depois, a exploração de prisioneiros não voluntários nos campos de concentração nazista foi condenada como uma flagrante injustiça. Nos EUA, na década de 1940, o estudo Tuskegee sobre sífilis usou homens negros, da zona rural, para investigar a evolução da doença que não está confinada àquela população. A essas pessoas era negado o tratamento efetivo para não interromper o projeto, mesmo depois de o tratamento já ter se tornado disponível há muito tempo.

Contra esse pano de fundo histórico, pode-se perceber como concepções de justiça são relevantes para a pesquisa. Por exemplo, a escolha de pessoas precisa ser bem examinada para determinar se algumas classes (por exemplo, pacientes pobres, raças em particular e minorias étnicas ou pessoas confinadas a instituições) estão sendo sistematicamente selecionadas simplesmente por causa de sua disponibilidade, sua posição comprometida ou sua possível manipulação, ao invés de por razões diretamente relacionadas com o problema estudado. Finalmente, sempre que a pesquisa financiada por fundos públicos leva ao desenvolvimento de novas terapias e procedimentos, a justiça exige tanto que ela não forneça vantagens somente àqueles que podem pagar por ela quanto que tal pesquisa não envolva pessoas de grupos que muito provavelmente não estarão entre os beneficiados de suas aplicações subsequentes.

Leituras recomendadas

BEAUCHAMP, T.L. & J.F. CHILDRESS. *Principles of Biomedical Ethics*. Nova York/Oxford, Oxford University Press, 7ª ed. 2013. Este livro é a exposição clássica do principialismo. Há tradução brasileira publicada pela Loyola, mas ela foi feita a partir da quarta edição do livro.

BIOÉTICA. Revista publicada pelo Conselho Federal de Medicina. Ver números sobre temas específicos, tais como aborto, erro médico, ética e genética, eutanásia, biodireito etc. Disponível na Internet no site www.cfm.org.

COSTA, S.I.F., G. OSELKA e V. GARRAFA (orgs.). *Iniciação à bioética*. Brasília, Conselho Federal de Medicina, 1998. Uma excelente coletânea de artigos sobre o principialismo e diversos temas bioéticos.

DALL'AGNOL, D. *Bioética: princípios morais e aplicações*. Rio de Janeiro, DP&A, 2004. Uma revisão crítica do principialismo com a introdução do princípio da reverência à vida.

DWORKIN, R. *O domínio da vida*. São Paulo, Martins Fontes, 2003. Abordagem da bioética a partir do valor intrínseco da vida.

ENGELHARDT, H.T. *Fundamentos da bioética*. São Paulo, Loyola, 1998. Uma discussão aprofundada do principialismo com a priorização do princípio da autonomia.

JAHR, F. "Bioética". *Bioethikos*, vol.5, n.3, 2011, p.243-5.

JONAS, H. *The Imperative of Responsibility: In Search of an Ethics for the Technological Age*. Chicago, University Press, 1984. Uma discussão das implicações éticas da ciência e da tecnologia.

PELLEGRINO, E. & T. THOMASMA. *For the Patient's Good: The Restauration of Beneficence in Health Care*, Oxford, Oxford University Press, 1988.

PESSINI, L. & C.P. BRACHIFONTAINE. *Bioética: Alguns desafios*. São Paulo, Loyola, 2001. Apresentação dos principais temas bioéticos a partir da perspectiva católica.

SINGER, P. *Ética prática*. São Paulo, Martins Fontes, 2002. Uma discussão dos temas bioéticos a partir da ética utilitarista.

Sobre o autor

Darlei Dall'Agnol é formado em filosofia pela Universidade de Caxias do Sul (UCS), onde também se especializou em fenomenologia (1987). Foi professor da instituição de 1987 a 1993. Cursou mestrado em filosofia na Universidade Federal do Rio Grande do Sul (UFRGS), defendendo uma dissertação sobre *Ética e Linguagem em Wittgenstein*. Desde 1994 é professor na Universidade Federal de Santa Catarina (UFSC). Entre 1996 e 2000, fez doutorado em filosofia (PhD) na Universidade de Bristol, Inglaterra, defendendo tese sobre *Valor Intrínseco na ética de Moore*. Possui vários artigos publicados em revistas nacionais e estrangeiras e é autor de livros sobre temas éticos. É pesquisador do CNPq desde 2004 e hoje coordena o Núcleo de Ética e Filosofia Política (Néfipo) da UFSC, que edita a revista *ethic@*, disponível na página www.cfh.ufsc.br/ethic@. Atualmente faz estágio de pesquisa na Universidade de Oxford, no Centro de Ética Prática, em bioética.

Coleção **PASSO-A-PASSO**

Volumes recentes:

CIÊNCIAS SOCIAIS PASSO-A-PASSO

O negócio do social [40], Joana Angélica Barbosa Garcia

Origens da linguagem [41], Bruna Franchetto e Yonne Leite

Antropologia da criança [57], Clarice Cohn

Patrimônio histórico e cultural [66], Pedro Paulo Funari e Sandra de Cássia Araújo Pelegrini

Antropologia e imagem [68], Andréa Barbosa e Edgar T. da Cunha

Antropologia da política [79], Karina Kuschnir

Sociabilidade urbana [80], Heitor Frúgoli Jr.

Pesquisando em arquivos [82], Celso Castro

Cinema, televisão e história [86], Mônica Almeida Kornis

FILOSOFIA PASSO-A-PASSO

Estética [63], Kathrin H. Rosenfield

Filosofia da natureza [67], Márcia Gonçalves

Hume [69], Leonardo S. Porto

Hannah Arendt [73], Adriano Correia

Schelling [74], Leonardo Alves Vieira

Niilismo [77], Rossano Pecoraro

Kierkegaard [78], Jorge Miranda de Almeida e Alvaro L.M. Valls

Filosofia da biologia [81], Karla Chediak

Ontologia [83], Susana de Castro

John Stuart Mill & a liberdade [84], Mauro Cardoso Simões

Filosofia da história [88], Rossano Pecoraro

Teoria do conhecimento [91], Alberto Oliva

PSICANÁLISE PASSO-A-PASSO

Psicanálise com crianças [75], Teresinha Costa

Feminino/masculino [76], Maria Cristina Poli

Cinema, imagem e psicanálise [85], Tania Rivera

Trauma [87], Ana Maria Rudge

Édipo [89], Teresinha Costa

A psicose [90], Andréa M.C. Guerra

A angústia [92], Sonia Leite

Educação e psicanálise [93], Rinaldo Voltolini

Os outros em Lacan [94], Antonio Quinet

A paixão [95], Marcus André Vieira

Histeria: o caso Dora [96], Nadiá Paulo Ferreira e Marcus Alexandre Motta